AF261977

STATUTS

DE LA

LIGUE DE DÉFENSE RÉPUBLICAINE

POUR LE

DÉPARTEMENT DE LOT-ET-GARONNE

AGEN

IMPRIMERIE DE LA LIGUE RÉPUBLICAINE

—

1890

STATUTS

DE LA

LIGUE DE DÉFENSE RÉPUBLICAINE

POUR LE

DÉPARTEMENT DE LOT-ET-GARONNE

AGEN

IMPRIMERIE DE LA LIGUE RÉPUBLICAINE

—

1890

LIGUE DE DÉFENSE

RÉPUBLICAINE

Pour le Département de Lot-et-Garonne

Comité :

1 Président	arrondissement d'Agen.
1 Secrétaire	arrondissement de Villeneuve.
1 Secrétaire	arrondissement de Marmande.
1 Secrétaire	arrondissement de Nérac.
1 Vice-Président	Trésorier.

1 Président	12 fr. par jour.		Voyages, enquêtes, frais de bureaux, location de l'immeuble où résidera le Comité, tout à la charge des membres du Comité.
1 Secrétaire	10 fr.	»	
1 Secrétaire	10 fr.	»	
1 Secrétaire	10 fr.	»	
1 Vice-Président	12 fr.	»	

19,710 fr.

Siège du Comité : AGEN

Bureaux ouverts tous les jours de 9 heures du matin
à 5 heures du soir.

—   —   pendant les élections : jour et nuit.

Attributions :

1 Président :	Dépouillement de la correspondance, contrôle, classement des affaires, conférences.
1 Secrétaire :	Enquêtes, correspondances, études des affaires.
1 Secrétaire :	Enquêtes, correspondances, réponses aux affaires.
1 Secrétaire :	Enquêtes, correspondances, communications aux députés, presse.
1 Vice-Président :	Correspondances, caisse, communications aux autorités constituées, conférences.

Conseil, toutes les semaines, à jour fixe.

STATUTS

Article premier. — Il est établi à Agen pour le département de Lot-et-Garonne tout entier un Comité actif et permanent pour la défense des intérêts généraux et particuliers républicains.

Art. 2. — Un Comité de cinq membres, composé d'un Président, d'un Vice-Président et de trois Secrétaires, payés par souscription publique, par tous les républicains, fonctionnera pour s'occuper exclusivement :

1° Des ouvriers jetés sur le pavé par leurs maîtres, pour avoir voté selon leur conscience pour le candidat républicain.

2° Des fonctionnaires révoqués sans motifs avouables et pour avoir fait leur devoir conformément à leur conscience et à la loi.

3° De l'épuration du personnel pour le maintien et l'établissement définitif et sans conteste de la République démocratique.

Art. 3. — Tout membre du Comité sera choisi à la majorité plus une voix de tous les électeurs républicains inscrits dans l'arrondissement.

Art. 4. — Ne pourront voter pour les membres du Comité que les électeurs qui auront préalablement versé au moins la somme de UN FRANC par an entre les mains du Trésorier. Leurs noms ne seront point publiés mais leurs cotisations seront inscrites sur les registres.

Art. 5. — Les membres du Comité ne pourront s'occuper d'autre besogne que de celle qui leur sera imposée par leurs nouvelles fonctions.

Art. 6. — Les membres du Comité seront nommés pour quatre années consécutives ; ils ne pourront être révoqués, sans avoir été entendus, en séance publique, et à la majorité des voix des membres présents. Ils pourront être réélus.

Art. 7. — Le Comité sera sous la haute surveillance du Conseil général du département et du Conseil de chaque arrondissement.

Art. 8. — Toutes les lettres, communications, plaintes, demandes d'enquête, devront être envoyées sous plis cachetés et affranchis à MM. les Membres du Comité de Défense républicaine, à Agen.

Art. 9. — L'ouverture des plis cachetés ne pourra être faite qu'en présence de trois membres au moins du Comité de Défense républicaine. Le registre qui portera la date du jour de réception des plis cachetés et l'objet contenu dans les plis sera revêtu de la signature des trois membres présents.

Art. 10. — Toutes les réponses seront lues avant d'être envoyées à leur destinataire en présence de trois membres, au moins, du Comité de Défense républicaine et revêtues de la signature de chacun des trois membres présents. Toutes les lettres seront copiées à la main sur un registre *ad hoc* et porteront chacune un numéro d'ordre.

ART. 11. — Les bureaux seront ouverts tous les jours de 9 heures du matin à 5 heures du soir. Trois membres du Comité doivent être toujours présents entre midi et une heure pour recevoir les ouvriers. Pendant la période électorale les bureaux demeureront ouverts jour et nuit.

ART. 12. — Les dépêches télégraphiques pourront être décachetées par le premier membre du Comité qui les recevra, à charge par lui d'en référer à ses collègues qui apposeront leur signature sur le registre de réception.

ART. 13. — Tous les membres du Comité seront égaux et surtout frères par l'esprit et par le cœur, ils devront avoir un but unique : le triomphe définitif des idées républicaines par le droit et la justice.

ART. 14. — Chaque membre du Comité aura des attributions spéciales pour chaque arrondissement, toutefois les affaires devront être étudiées, traitées et résolues en commun même les plus simples. Pour les affaires de nature grave, elles seront étudiées tout d'abord en commun ; chaque membre du Comité s'inspirera ensuite de l'opinion à ce sujet des membres du Conseil général et du Conseil d'arrondissement consultés en dehors des bureaux du Comité, ou des opinions d'autres républicains qui par leur profession, leur position ou leurs aptitudes pourraient donner d'utiles conseils. Les mêmes affaires seront ensuite résolues et le procès-verbal signé par tous les membres du Comité.

Art. 15. — Un Conseil sera tenu par tous les membres réunis du Comité de Défense républicaine. Les républicains seront admis aux séances de ce Conseil qui aura lieu à huit heures du soir.

Art. 16. — Les ouvriers et les fonctionnaires malheureux seront soutenus par des sommes d'argent qui leur seront versées par les membres du Comité d'après les ressources dont ils disposeront. Les demandes de secours devront être faites par écrit et apostillées par *cinq* ou *six* électeurs républicains inscrits dans la commune du pétitionnaire.

Art. 17. — Les membres du Comité seront tenus de garder le secret sur toutes les demandes de secours qui leur seront faites et le républicain secouru recevra l'argent directement de la main à la main par un membre du Comité chargé de cette mission. Il ne sera pas demandé de reçu au destinataire, mais les fonds versés seront mentionnés sur la lettre de demande et sur le registre du Trésorier du Comité.

Art. 18. — Tous les républicains qui auront versé leur cotisation auront droit de s'adresser au Comité de Défense républicaine pour toutes les questions qui intéressent la position et les salaires des ouvriers, pour tout ce qui touche de près ou de loin au fonctionnaire et pour tout ce qui a rapport à l'épuration du personnel.

Art. 19. — Il est absolument interdit aux membres du Comité de s'occuper de questions d'argent et de sociétés financières de quelque nature qu'elles soient. Ce serait agir contre l'esprit de la Défense républicaine que d'agiter des questions pécuniaires. Il ne sera donné aucune suite à toute demande visant une question d'argent.

Art. 20. — MM. les pétitionnaires devront mettre dans leur lettre un timbre-poste de 0 fr. 15 pour chaque réponse à leur demande.

Art. 21. — MM. les Conférenciers se rendront dans toutes les localités de l'arrondissement pour instruire les masses électorales, leur inspirer la confiance et l'amour de la République et inculquer les principes républicains parmi les concitoyens.

Art. 22. — Les questions graves qui intéresseront un particulier mais qui auraient des affinités avec l'intérêt général seront agitées en séance publique avant d'être résolues par les membres du Comité et cela dans plusieurs localités. MM. les Conférenciers s'inspireront des réponses qui leur seront faites et jugeront plus sainement des affaires qui leur seront confiées.

Art. 23. — Une copie du dossier des questions étudiées sera transmis aux autorités compétentes dont les membres du Comité recevront les avis avec une respectueuse considération, n'étant pas eux-mêmes un pouvoir à côté du Pouvoir, l'original du dossier sera conservé comme toute pièce et tout volume dans les archives du Comité.

Art. 24. — MM. les Sénateurs et Députés seront appelés à trancher les questions qui leur seront soumises par MM. les Membres du Comité, soit par des démarches dans les ministères, soit par l'interpellation à la tribune. MM. les mandataires du peuple ne seront point tenus d'obéir même moralement aux injonctions du Comité, leur indépendance comme celle des autorités constituées sera absolue, le Comité demandera respectueusement aide et protection au Pouvoir, mais MM. les Conférenciers auront toute l'attitude pour saisir le suffrage universel d'une iniquité qui sauterait à tous les yeux.

Toutes les affaires devront être résolues dans les trois mois après leur réception, à moins d'empêchements tels que trois autres mois soient nécessaires pour arriver à un bon résultat.

Art. 26. — Tous les journaux républicains de Lot-et-Garonne et de la contrée seront les organes du Comité de Défense républicaine.

Art. 27. — Les membres du Comité pourront rédiger toutes les lettres de demandes faites par les républicains aux diverses administrations aux autorités militaires, aux Ministres, etc., etc.

Art. 28. — Les membres du Comité seront tenus d'enregistrer les demandes de toute nature et les propositions faites dans l'intérêt général du parti républicain, en un mot, tout ce qui est susceptible d'études spéciales dans l'intérêt général du Pays.

Les membres du Comité seront tenus de se transporter pour les cas graves dans les diverses localités et au besoin de se rendre dans la capitale, auprès des membres du gouvernement, sur la demande des républicains intéressés.

Le Comité de Défense républicaine fait appel a toutes les bonnes volontés, à tous les cœurs français, à tous les dévouements, à tous les sacrifices, à tous les soldats de la République.

Les divers clergés, pour soutenir et propager leur religion, ont employé le système des conférences, des cotisations et des journaux.

— Ledru-Rollin, pour faire triompher le suffrage universel : conférences, cotisations, journaux.

— Alfred Naquet, pour faire passer la loi du divorce : conférences, cotisations et journaux.

— L'évêque Pagis, pour élever un monument à Jeanne d'Arc : conférences, cotisations, journaux.

— Le cardinal Lavigerie, pour l'abolition de l'esclavage : conférences, cotisations, journaux.

— Que faut-il pour faire triompher la *Ligue de Défense républicaine* : conférences, cotisations, journaux.

Je prie tous les républicains, sans distinction de nuances, qui liront ces lignes, de vouloir bien nous accuser reception de cette brochure et de ne point nous ménager leurs conseils ; je les prie de ne pas nous créer des difficultés et de nous aider, au contraire, dans cette tâche pénible, difficile ; je les prie de nous prêter l'appui bienveillant que mérite tout citoyen qui sacrifie ce qu'il possède pour le triomphe des vérités

démocratiques. En ce faisant, Citoyens, vous prouve-
rez que vous aimez la liberté.

Debout, Patriotes ! C'est pour la défense du faible
contre l'injustice, aucun parmi vous ne faillira à ce
devoir : quand la flamme du sentiment patriotique
s'empare du cœur d'un peuple, elle peut s'étendre
comme un incendie !

Vive la République ! ! !

Le président provisoire du Comité :

J. CAUBOUE-MARCEILLE,

Ancien Magistrat,
ex-Attaché à a Direction de la Sûreté Générale
au Ministère de l'Intérieur.

———

Agen, Imprimerie de la *Ligue de Défense républicaine*.